NOTICE

SUR

M. LE BARON

PETIT DE LAFOSSE

RECEVEUR GÉNÉRAL DES FINANCES DE L'ARIÉGE,
ANCIEN PRÉFET DE LA CREUSE, DE LA NIÈVRE ET DE LA HAUTE-VIENNE,
OFFICIER DE L'ORDRE IMPÉRIAL DE LA LÉGION-D'HONNEUR
ET DE L'ORDRE ROYAL DE LÉOPOLD DE BELGIQUE,
CHEVALIER-COMMANDEUR DE L'ORDRE PONTIFICAL DE SAINT-GRÉGOIRE-LE-GRAND,
COMMANDEUR EXTRAORDINAIRE
DE L'ORDRE ROYAL AMÉRICAIN D'ISABELLE-LA-CATHOLIQUE D'ESPAGNE.

PARIS
DE SOYE ET BOUCHET, IMPRIMEURS,
2, PLACE DU PANTHÉON, 2.

1860

LE BARON PETIT DE LAFOSSE

Le baron Petit de Lafosse a parcouru déjà une longue carrière administrative et y a déployé de brillantes qualités. Il joint à des connaissances étendues une grande fermeté de caractère, tempérée par un esprit plein de bienveillance et de courtoisie.

J'emprunte à l'*Annuaire historique et biographique* des souverains et des hommes distingués par les services rendus à leur nation (année 1844), l'article suivant, que je me réserve de compléter par de nouveaux documents :

« M. le baron PETIT DE LAFOSSE, officier de la Légion

d'honneur, est né, en 1805, à Orléans, où son père, très habile jurisconsulte de l'ancien barreau français, remplissait les fonctions de premier président de la Cour impériale, fils lui-même de Jean-François PETIT DE LAFOSSE, l'un des négociants les plus considérés sous le règne de Louis XV.

« M. Petit de Lafosse fit d'excellentes études, et acquit de bonne heure des connaissances solides qui attirèrent sur lui l'attention. Après avoir exercé la profession d'avocat à la Cour royale de Paris, et s'être fait remarquer par la sagesse de ses principes, il fut appelé, quoique jeune encore, (à 25 ans), le 9 août 1830, aux fonctions de sous-préfet à Pithiviers (Loiret), où il reçut le diplôme de membre de la Société royale des Sciences, Belles-Lettres et Arts d'Orléans, qui lui fut décerné par ses compatriotes.

« Il fut ensuite appelé aux sous-préfectures plus importantes de Clamecy (Nièvre) et de Romorantin (Loir-et-Cher). A Clamecy, dans les mouvements insurrectionnels de 1835 et 1837, qui nécessitèrent la présence de plusieurs régiments, et où, en 1837 notamment, il fut blessé grièvement à l'épaule, sa conduite, pleine de courage et d'une prudente énergie, lui valut les plus grands éloges de M. Thiers et de M. de Montalivet, ministres de l'intérieur, et de M. le comte Roy, ministre des finances, en sa qualité de propriétaire d'une terre importante dans l'arrondissement de Clamecy.

« Il fut nommé chevalier de la Légion d'honneur à la suite des événements de 1835, après avoir reçu de M. Thiers une lettre honorable qui se terminait ainsi : *Vous avez déployé dans ces circonstances difficiles une énergie et une activité également dignes d'éloges : je m'empresse de vous en témoigner toute ma satisfaction.*

« En 1837, M. Badouix, préfet de la Nièvre, s'exprimait ainsi dans son rapport au gouvernement : « M. Petit de La-
« fosse, sous-préfet, a montré un zèle, une activité, un
« dévouement au-dessus de tout éloge. La municipalité de
« Clamecy n'agissait en toute occasion qu'avec une mol-
« lesse, une timidité que je ne saurais assez blâmer. Le
« commissaire de police ne faisait quelque service qu'en
« tremblant et a donné sa démission ; sa terreur était telle
« qu'il a formellement refusé d'assister la gendarmerie
« pour procéder aux arrestations, les agents de police ont
« eu la même pusillanimité pour indiquer les demeures des
« individus qu'il s'agissait d'arrêter.

« Enfin, je ne saurais peindre la crainte redoutable qu'a-
« vaient les plus notables habitants de rien faire qui pût
« les compromettre envers les flotteurs.

« M. Petit de Lafosse a suppléé à tout par son activité
« qui ne se relâchait *ni nuit ni jour*, qui a pourvu à tous
« les besoins du moment, et qui a surmonté tous les embar-
« ras qu'occasionnait la présence inopinée d'un bataillon
« d'infanterie et de deux régiments de cavalerie.

« M. le comte de Montalivet lui écrivit à cette occasion : *Je ne puis que vous féliciter de la conduite ferme, prudente et courageuse que vous avez tenue dans ces fâcheuses circonstances.*

« Enfin, le premier avocat général à la Cour de Bourges, M. Corbin, déclarait dans son acte d'accusation contre les quarante inculpés traduits devant la Cour d'assises de la Nièvre, que la *conduite de M. le sous-préfet de Clamecy avait été constamment remarquable par la prudence et l'énergie.*

« En 1840, il fallait, pour être à la tête de l'importante

administration de l'arrondissement de Valenciennes, un fonctionnaire habile, prudent et ferme. M. le ministre de l'intérieur l'a trouvé dans cet honorable magistrat, qui a rempli ses fonctions avec un grand talent et au milieu de graves difficultés : il a su, en effet, dans ces derniers temps, créer deux fois à Valenciennes, malgré de nombreux obstacles, une administration municipale qui manquait depuis plusieurs années, et justifier ainsi l'opinion de M. le comte de Lézai-Marnézia, pair de France, préfet de Loir-et-Cher, qui avait écrit à son collègue du Nord : « M. le baron Petit
« de Lafosse passe de la sous-préfecture de Romorantin à
« celle de Valenciennes. Autant je suis affligé de le perdre,
« autant je vous félicite de l'avoir sous vos ordres. A l'ex-
« périence des affaires, à la connaissance des hommes, à
« beaucoup d'habileté à les manier, à beaucoup d'intelli-
« gence, il joint un caractère à la fois ferme et conciliant,
« de la volonté, des formes aimables et des principes poli-
« tiques solides, qui sont ceux, je crois, que vous esti-
« mez. »

« M. le vicomte de Saint-Aignan, conseiller d'État, préfet du Nord, lui écrivait deux ans après, au milieu des complications administratives les plus sérieuses : « Bon
« courage, mon cher sous-préfet, vous n'êtes pas sur un
« lit de roses, mais vous trouvez dans votre dévouement
« assez de résignation pour ne pas trop vous en plaindre.
« Vous pouvez être bien sûr de trouver en moi un appui
« constant et un appréciateur de vos bons services. »

« M. Petit de Lafosse soutient dignement un nom honorable. Son père, qui avait été un des élèves les plus distingués du jurisconsulte Pothier, son compatriote, qui l'avait deviné et qui ne cessa de lui donner des témoignages de sa bienveillance jusqu'au dernier jour de son professorat, fut, pendant vingt-huit années consécutives, le chef de la magistrature dans le ressort d'Orléans, sa patrie. Il a été aussi, successivement, député de Montargis et d'Orléans, et, pendant six ans, sous l'Empire, vice-président du Corps législatif. Il dut cette distinction moins à la réputation dont il jouissait lors de sa nomination qu'à ses travaux pendant les législatures dont il fit partie.

« M. Petit de Lafosse avait été, sous l'ancien régime, membre de l'Athénée de la langue française, à Paris, et membre de l'Université de jurisprudence.

« Avocat au parlement, les suffrages des plus illustres magistrats et la confiance d'une nombreuse clientèle le fixèrent dès ses débuts au premier rang parmi ses savants compétiteurs.

« Le célèbre jurisconsulte était de ceux qu'atteignaient les fureurs populaires. Forcé, pendant la révolution, d'abandonner la carrière qui s'ouvrait si vaste devant lui pour soustraire sa tête au fer du bourreau, il se réfugia près sa ville natale, et forma, à Saint-Mesmin, dans l'ancienne abbaye, une fabrique de salpêtre dont les produits suffirent pendant quelque temps à ses besoins et à ceux de sa famille.

« Cependant la société se rasséyait sur ses bases ébranlées, la magistrature fut reconstituée et abandonnée à l'urne électorale; il fut alors plusieurs fois élevé à la dignité de juge, et ses collègues, rendant un éclatant hommage à sa supériorité, le choisirent constamment pour leur président.

« Ce savant magistrat a eu, dans le cours de sa longue et utile carrière, un fait bien remarquable et peut-être unique dans les fastes judiciaires : sous sa présidence, un seul des arrêts rendus par la Cour d'Orléans et déférés à la Cour de cassation, a été, sur les conclusions de M. Merlin, considéré comme n'ayant pas fidèlement interprété la loi; le premier président, plein d'un juste orgueil, crut devoir, à cette occasion, ouvrir une discussion avec l'illustre procureur général; il en est résulté que si l'avis de celui-ci avait dû être exprimé de nouveau, il aurait hésité.

« La Cour, sous sa présidence, se plaça, par la sagesse de ses arrêts, au premier rang des Cours impériales de France.

« L'Empereur Napoléon 1ᵉʳ honorait particulièrement les talents et le caractère personnel de M. Petit de Lafosse. Aussi lui a-t-il conféré, en 1808, le titre de chevalier de l'Empire, et, en 1813, le titre héréditaire dans sa famille de *baron de l'Empire.*

« On lit dans une notice biographique, écrite, en 1832, par un membre de la Cour royale d'Orléans, après la mort de cet éminent magistrat : « Le temps de ses loisirs ne sera
« pas perdu; il laisse des manuscrits que son nom recom-
« mande déjà à l'inspection de la magistrature et du bar-
« reau.

« Le premier président, si remarquable par l'étonnante
« activité de ses facultés intellectuelles, comprenait par-
« faitement la dignité de sa position et celle du corps à la
« tête duquel il était placé. Bienveillant, plein d'aménité,
« il entraînait par la simplicité et le charme de ses maniè-
« res et de sa conversation; jamais le savoir n'a revêtu des
« formes plus agréables; jamais une haute position, sans
« rien perdre de la considération qu'elle s'attribue et qui
« lui appartient, n'a été dissimulée avec plus de naturel
« et de loyauté. »

« Les derniers instants de cet homme éminemment su-
« périeur ont été consolés par les soins de sa vénérable
« compagne, de ses enfants et ceux de son gendre, M. Es-
« piaud, membre de l'Académie, l'un des médecins les

« plus éclairés de la capitale et celui de Napoléon pendant
« son séjour à l'île d'Elbe.

« M. le baron Petit de Lafosse, sous-préfet de Valenciennes, a été récemment nommé officier de la Légion-d'Honneur, grade dont son père avait reçu les insignes de la main même de l'empereur Napoléon, à une époque où cette dignité n'était conférée, dans l'ordre judiciaire, qu'aux hommes du plus grand mérite.

« Au moment où nous allons mettre sous presse, nous apprenons que S. M. le roi des Belges, à son dernier passage à Valenciennes, a daigné lui remettre la croix d'officier de l'Ordre royal de Léopold, en lui adressant les paroles les plus flatteuses sur sa coopération, depuis cinq ans, dans tous les travaux internationaux de la France et de la Belgique. »

En 1846, après la grève formidable des ouvriers mineurs d'Anzin, qui se prolongea assez longtemps avec des tentatives de révolte pour que le gouvernement ait été obligé de concentrer plusieurs régiments autour de Valenciennes, M. le comte Duchâtel, ministre de l'intérieur, saisit cette occasion, sur les rapports de M. le baron Maurice Duval, pair de France, préfet du Nord, qui exposait que *M. le sous-préfet avait déployé une véritable habileté en arrêtant la sédition par son énergie et en la réprimant sans recourir à l'emploi de la force armée autrement que pour contenir l'émeute*, pour lui faire présager sa prochaine nomination à une préfecture : « *Vous justifiez*, lui écrivait
« le ministre, *de la manière la plus honorable, la con-*
« *fiance que le gouvernement a depuis longtemps placée*
« *dans votre dévouement et dans vos lumières. Je vous*
« *félicite bien sincèrement de tous les succès que vous avez*
« *obtenus dans votre administration. J'ai toujours re-*

« *connu et apprécié vos services et vous pouvez compter*
« *que lorsque l'occasion s'en présentera, je ne les oublie-*
« *rai pas.* »

En effet, en 1847, M. Desmousseaux de Givré, préfet du Nord, ayant confirmé tout ce que l'on devait espérer de cet habile administrateur en le plaçant à la tête d'un département, le roi Louis-Philippe, lui confia la préfecture de la Creuse.

Le roi des Belges, en revenant quelque temps avant de Paris à Bruxelles, l'avait informé, à son passage à Valenciennes, *qu'il était autorisé par le roi des Français à lui annoncer sa nomination. J'ai agi contre mes intérêts, mon cher voisin*, lui dit encore publiquement Sa Majesté, avec l'expression de la plus exquise bienveillance, *mais je conserverai toujours le souvenir de nos bonnes relations.*

Il reçut, peu de temps après son installation à Guéret, un bref du Saint-Père qui lui conférait la croix des chevaliers-commandeurs de l'ordre pontifical de Saint-Grégoire-le-Grand, pour les services qu'il avait rendus à la religion et à ses ministres, pendant son administration dans le Nord.

Cette insigne distinction, rare en France à cette époque, avait été sollicitée près du Souverain-Pontife par le cardinal-archevêque de Cambrai, qui se plaisait à répéter *« qu'il avait un second frère depuis qu'il était dans le Nord; le sous-préfet de Valenciennes, devenu préfet de la Creuse.* » Son Eminence lui avait écrit à l'occasion de sa promotion :
« Vous y aviez depuis longtemps des droits par vos servi-
« ces, la loyauté de votre caractère, votre capacité admi-
« nistrative et toutes les qualités personnelles qui font de
« vous l'homme aimable et le fonctionnaire supérieur. »

Le 28 février 1848, il fut destitué comme tous ses collègues par le gouvernement provisoire de la République. Il devint préfet de la Nièvre au mois de décembre de la même année, par suite des souvenirs honorables qu'il y avait laissés comme sous-préfet de Clamecy pendant sept ans.

M. Dupin aîné avait écrit à cette occasion cette lettre honorable au chef du cabinet du prince-président de la République :

Paris, le 27 décembre 1848.

« Mon cher Mocquart,

« Je désirerais beaucoup qu'on nous donnât, pour pré-
« fet de la Nièvre, M. Petit de Lafosse, ancien sous-préfet
« de Clamecy, et en dernier lieu, préfet de la Creuse.

« Il a laissé chez nous d'excellents souvenirs ; et il y
« sera parfaitement accueilli, *j'en réponds.* »

Il est juste de dire encore que tous les représentants de la Nièvre à l'Assemblée nationale et M. le comte Hector Lepeletier d'Aunay, ancien député, président du conseil général du département, joignirent leurs démarches à celles de M. Dupin, ce qui décida M. le maréchal duc d'Isly à ne plus insister pour qu'on nommât dans son département M. Petit de Lafosse, qu'il appréciait particulièrement. En effet, M. le maréchal Bugeaud étant commandant en chef de l'armée des Alpes, lui adressa au mois de février 1849, cette lettre, fort remarquable à plus d'un titre :
« Mon cher préfet, j'accepte avec empressement les offres
« de concours que vous me faites, en me disant que vous
« voulez vous réunir aux bons citoyens qui vous entou-
« rent pour marcher sous ma bannière. Cette bannière
« sera celle de l'ordre, de la propriété, de la famille, de
« tous les grands intérêts que l'anarchie menace. Je ne

« serai donc pas étonné et je serai heureux de vous voir
« venir vous enrôler dans cette armée, si elle doit entrer
« en campagne.

« J'espère que la ferme attitude que les honnêtes gens
« de toutes les classes et de toutes les nuances politiques
« semblent disposés à prendre suffira pour imposer aux
« factions et pour les forcer à *subir l'ordre.* Dans le cas
« contraire, je vous déclare, mon cher préfet, que je n'au-
« rai jamais crié *en avant* avec plus de jeunesse et d'éner-
« gie. Je l'ai pourtant crié souvent avec beaucoup de vi-
« gueur, je vous jure, dans quelques circonstances de ma
« longue carrière militaire.

« Je suis heureux d'avoir pu contribuer à déterminer
« votre réintégration. Je l'ai regardée comme *un acte de*
« *justice et de bonne politique*, et tout en me louant de
« trouver en vous un souvenir reconnaissant de ce que j'ai
« pu faire dans ce but, je veux vous dire que vous n'avez
« pas à m'en savoir personnellement trop de gré. *J'ai cru*
« *agir dans l'intérêt général* et je suis persuadé que vous
« justifierez entièrement l'opinion que j'ai exprimée sur
« ce point. »

L'année suivante, en 1850, M. Ferdinand Barrot, ministre de l'intérieur, mandait aussi à cet honorable magistrat : « Vous avez fort à faire dans votre département que
« le socialisme a si subitement et si complétement envahi,
« mais je sais combien le gouvernement peut compter sur
« l'intelligence et le zèle de votre administration. »

Tout le monde sait le courage que M. Petit de Lafosse a
déployé pour la cause de l'ordre pendant les plus mauvais
jours de notre époque, durant l'état de siége de la Nièvre,
et comment il s'est rendu maître, après avoir combattu
lui-même, et après avoir appliqué les lois de la guerre aux
insurgés pris les armes à la main, de la sanglante in-

surrection de Clamecy qui a duré les 5, 6 et 7 décembre 1851. Pendant cette crise terrible, M. le comte de Morny, ministre de l'intérieur, écrivait au conseiller de préfecture faisant fonctions de préfet à Nevers : « *Donnez-moi souvent des nouvelles du préfet et adressez-lui une fois de plus mes félicitations pour sa conduite énergique, et dites-lui bien que je saurai reconnaître les éminents services qu'il a rendus à la cause de l'ordre.* »

On lira avec un vif intérêt la proclamation qu'il adressa aux habitants en entrant à Clamecy, le 8 décembre à cinq heures du matin, par dessus les barricades et au milieu de tous les crimes et de tous les désastres. Cette entrée ne fut soutenue que par deux cents hommes d'infanterie, cinquante hommes de cavalerie, une brigade de gendarmerie, une brigade de gardes forestiers commandée par leur inspecteur, et par douze ou quinze des principaux propriétaires du pays. Parmi ceux-ci, on a distingué M. Louis Rambourg, M. Charles Rambourg et le comte de Marcy, qui ont reçu la croix de la Légion d'honneur pour l'abnégation et le courage dont ils avaient fait preuve en combattant à côté du préfet.

Les officiers, réunis en conseil, avaient en quelque sorte exigé que M. le préfet ne portât pas son costume, pour ne pas servir particulièrement de point de mire aux balles des insurgés.

Tous les prisonniers, au nombre desquels se trouvaient un avocat de Clamecy et un ingénieur des Ponts et Chaussées, venus scandaleusement pendant la nuit au bivouac du préfet pour intercéder en faveur des insurgés, suivaient la colonne, la corde au cou. « *Vous n'êtes à mes yeux, leur avait répondu le préfet avec une saisissante énergie, comme aux yeux de la poignée de braves qui vient de vous entendre avec douleur, et qui entrera demain avec moi dans Clamecy, malgré vos trois mille insurgés, que les parlementaires du parti du crime.*

Les principaux insurgés pris la veille les armes à la main dans un combat partiel, avaient été immédiatement fusillés. Les corps étaient restés, pour l'exemple, sur la grande route aux portes de Clamecy, par ordre du préfet. Cet intrépide magistrat, mis en joue à deux pas par un insurgé, ne dût de ne pas être tué qu'à la promptitude du courage de M. le comte de Marcy, qui, par deux coups de feu, étendit cet homme mort à ses pieds.

Le langage du préfet, dans ces jours néfastes, est précis, noble et énergique. C'est l'homme de bien indigné ; c'est l'administrateur qui voulait prévenir et qui n'a plus qu'à punir ; c'est le dépositaire de l'autorité qui veut la faire respecter et la défendre ; c'est le protecteur des familles et des propriétés qui comprend la hauteur de sa mission ; c'est le représentant de la loi, impassible comme le droit, inébranlable comme le devoir. Honneur à lui !

« Habitants de Clamecy !

« Des bandits, des factieux et des assassins ont jeté le
« deuil au milieu de vous, les 5, 6 et 7 décembre.

« Des citoyens honorables, des vieillards, des femmes,
« des enfants, des gendarmes intrépides préposés à la dé-
« fense des lois et de la société, ont été massacrés. Des ha-
« bitations ont été dévastées.

« Le sang le plus honorable crie vengeance ! La puni-
« tion sera éclatante.

« Que les bons citoyens se rassurent et s'unissent au
« nom des familles menacées.

« M. Legeay, maire de Clamecy, qui a méconnu tous

« ses devoirs en fuyant lâchement, sous un déguisement,
« son poste, sa famille et ses concitoyens, est révoqué.

« M. Ruby, homme de courage, est nommé maire de
« Clamecy.

« Tous les rassemblements sont interdits, ils seraient
« immédiatement dispersés par les armes.

« Tous les cafés et cabarets du canton de Clamecy et
« des communes de Corvol-l'Orgueilleux, Entrains et La-
« chapelle-Saint-André, sont fermés.

« Les habitants de l'arrondissement de Clamecy me
« trouveront toujours tel qu'ils m'ont connu dans les mou-
« vements insurrectionnels de 1835 et 1837, inflexible
« dans la volonté de punir avec rigueur les factieux qui ne
« veulent que le pillage, le meurtre et la destruction. »

Dès que M. le comte de Morny apprit le retour du Préfet à Nevers, il lui adressa encore ces paroles flatteuses :
« *J'apprends avec plaisir l'heureux résultat de votre ex-*
« *pédition sur Clamecy.*

« *Je vous réitère mes félicitations très-vives sur votre*
« *énergie.*

« *Je lis vos rapports avec une attention sérieuse, et tout*
« *ce qui se passe dans votre département éveille mon in-*
« *térêt. Il vous suffit de savoir que j'apprécie votre dé-*
« *vouement et que je vous sais gré de tous vos efforts.* »

Le président de l'Assemblée nationale et son frère M. le baron Charles Dupin s'empressèrent de « *le féliciter, au nom des bons citoyens, pour sa courageuse conduite, qui avait, à deux reprises rapprochées, sauvé leur départemntde l'anarchie.* »

« *Honneur à votre courage et à votre activité*, lui écrivait encore le président de l'Assemblée nationale, *j'espère que le gouvernement récompensera dignement de tels services !* »

M. le baron de Bourgoing, de la Nièvre, ambassadeur à Madrid, lui manda également : « Le dévoument de notre « armée a sauvé la France, mais combien ne doit-elle « pas aux magistrats qui ont guidé les colonnes et partagé « les dangers des braves défenseurs de l'ordre. »

L'autorité militaire se plut aussi à lui rendre un éclatant hommage. On remarque le passage suivant dans un rapport adressé à M. le ministre de la guerre par M. le général de division Pellion, commandant l'état de siége, à son retour de Clamecy, le 28 décembre 1851 : « Mainte- « le danger est passé, mais on peut en mesurer la pro- « fondeur. Aussi les maires et les populations de tou- « tes les communes que j'ai traversées rendent-ils des « actions de grâces *au préfet de la Nièvre* qui, mettant « tous les sentiments d'amour-propre de côté, a, dès le « principe, demandé la mise en état de siége de son dé- « partement. *M. Petit de Lafosse* a, par là, puissamment « contribué à conjurer le danger ; il a, de plus, par sa « conduite subséquente, acquis des titres à la reconnais- « sance de ses administrés et à la bienveillance du gou- « vernement. »

Enfin, le Conseil général de la Nièvre, dans sa session de 1852, se rendit à l'unanimité l'interprète de la reconnaissance et de l'estime profonde de tout le département.

A cette époque, l'un des propriétaires les plus honorables du département, ancien officier supérieur et officier de l'ordre de la Légion d'honneur, avait écrit au directeur du *Journal de la Nièvre* : « Tout le monde a admiré la « la ferme et noble conduite de notre digne préfet dans « ces moments de troubles. Partout où il y avait à com- « battre, on le voyait à la tête des troupes ! S'il a bien « mérité de la patrie, il a bien mérité aussi un témoignage « de la reconnaissance des habitants de la Nièvre. Je viens

« donc vous prier d'ouvrir une souscription dans vos bu-
« reaux pour offrir une *épée d'honneur* à ce courageux
« magistrat.

« *Je souscris pour cent francs.*

« La France entière saura que nous avons un préfet que
« nous apprécions et qui est digne de la représenter en
« tous pays. »

Un grand nombre de personnes de toutes classes s'empressèrent de suivre cet exemple ; mais M. Petit de Lafosse arrêta cette souscription par un excès de modestie, à mon avis, et par des considérations honorables de réserve envers les généraux et les magistrats supérieurs du ressort qui avaient agi de concert avec lui dans toutes ces circonstances décisives pour le triomphe de l'ordre et de la société. Il ne voulut même pas que cette marque éclatante de sympathie reçut la moindre publicité, déclarant qu'il voulait se borner, comme ses coopérateurs, *à conserver tout le mérite de sa conscience.*

Puisque vous voulez conserver les lettres que j'ai adressées au directeur du journal de la Nièvre, lui écrivit alors la personne marquante qui avait rencontré partout la plus vive adhésion en proposant cette glorieuse souscription, « *joignez y la réponse qu'il vient de me faire et les preu-*
« *ves d'assentiment que je recevais de toutes parts, ce*
« *sera un jour une instruction pour vos petits-enfants*
« *qui sauront que leur grand-père savait allier la modes-*
« *tie au courage et qu'il sera noble pour eux de l'imiter !* »

Cependant, la jalousie avait cherché à jeter des doutes sur une si belle conduite. Le procureur général près la Cour de Bourges, M. Corbin, le même qui, 15 ans avant, avait déjà apprécié noblement le caractère de M. Petit de Lafosse dans les soulèvements de 1835 et 1837 à Clamecy,

après avoir tout vu cette fois encore par lui-même dans cette ville si fatalement vouée à la révolte, et d'accord avec M. le général duc de Mortemart, commandant la division territoriale, lui avait écrit : « *qu'il ne laisserait rien igno-*
« *rer de ce qu'il pensait à son égard, comme dévouement,*
« *comme énergie, comme belle et bonne conduite à s'assu-*
« *rer des événements, comme sous les balles des insurgés*
« *de Clamecy. On vous rendra justice*, disait-il encore, *ce*
« *serait un trop triste début, pour un gouvernement dont*
« *j'attends de si bonnes choses, que d'inquiéter de hauts*
« *fonctionnaires qui surent et qui sauront lui rendre de*
« *signalés services. J'en suis encore à me rendre compte*
« *de tout ce qui a pu se tramer, par qui et comment. J'es-*
« *père qu'en définitive vous resterez avec les éloges très-*
« *mérités qui vous pleuvaient de Paris et de toute la Niè-*
« *vre.* » Mais ayant appris que la malveillance persistait, M. le procureur général lui adressa ces lignes avec la vigueur qui le caractérise : « *Eh! qui donc, mon cher et*
« *très-honoré Préfet, peut s'acharner ainsi à vous nuire?*
« *On aura beau dire, on ne fera pas accroire que vous*
« *ayez pu tout seul prendre Clamecy d'assaut et qu'on*
« *vous jetait des roses quand vous receviez des balles !...*
« *tous les reproches qu'on vous fait sont absurdes... le*
« *prince qui a des bontés pour vous, ne prêtera pas l'o-*
« *reille à l'ennemi.* Vous avez été a la peine et vous serez a l'honneur [1] ! »

Enfin, en 1852, quand la religion de l'Empereur fut éclairée à tous les points de vue, M. le procureur général lui écrivit encore : « *Monsieur et honorable ami, je suis*
« *heureux d'apprendre que vos tribulations sont finies et*
« *qu'on vous rend en haut la justice qu'aucun n'oserait*

---

[1] Expression pittoresque de Jeanne d'Arc, et qui est restée proverbiale.

« *vous contester sur le théâtre même où se sont déployés*
« *votre énergie et votre dévouement. Enfin tout viendra*
« *à bonne fin, vous garderez la Nièvre jusqu'à meilleure*
« *chance, la Nièvre s'en félicitera et, quand vous la quit-*
« *terez, je serai de ceux qui vous regretteront le plus.* »

M. Delangle, de la Nièvre, voulut aussi le rassurer :
« *Votre situation n'est pas modifiée,* » lui mandait le procureur général à la Cour de cassation, devenu depuis ministre de l'intérieur et ministre de la justice. « *Vous*
« *aurez la récompense des services rendus dans la Nièvre.*
« *Vous me trouverez toujours empressé à faire les démar-*
« *ches qui vous pourront être utiles et à saisir l'occasion*
« *de renouveler des relations qui me sont bien chères.* »

M. le général de division duc de Mortemart lui avait encore écrit : « *Je n'oublierai jamais mes excellentes re-*
« *lations avec vous... les faire cesser serait une chose par*
« *trop cruelle!...*

Cet honorable magistrat avait conquis l'estime toute particulière de M. le maréchal de Saint-Arnaud, ministre de la guerre, qui lui écrivait dans une circontance importante, au mois de juin 1852 : « C'est ainsi qu'un fonc-
« tionnaire éclairé sait faire comprendre les intentions du
« gouvernement, ramène et attache les esprits indécis ou
« malveillants. *Il est bien à désirer que tous les adminis-*
« *trateurs suivent votre exemple.*

« J'ai bien vivement regretté de ne vous avoir pas
« rencontré à Nevers lors de mon passage pour vous y
« serrer la main. J'aurais été heureux de vous féliciter de
« vive voix de *votre noble et énergique conduite lors des*
« *événements de décembre.* »

En 1851, M. Petit de Lafosse avait reçu de S. M. la reine d'Espagne un décret qui lui avait conféré, sur le rapport de M. le baron de Bourgoing, ambassadeur de France à Madrid, le grade de commandeur extraordinaire de l'ordre royal Américain d'Isabelle-la-Catholique, comme récompense des services qu'il avait rendus, sous le dernier règne, au gouvernement espagnol.

La mémoire de ce courageux magistrat, doux et conciliant quand il s'agit d'humanité, inflexible quand il s'agit du devoir, sera toujours respectée dans la Nièvre, où il a accompli douze années de sa carrière administrative. On lit dans les *Esquisses Autographiques et Biographiques*, par M. Noël Lefèvre, à l'article des préfets de ce département :
« Le baron Petit de Lafosse, nommé le 30 décembre 1848 :
« son courage politique et ses qualités administratives, qui
« sont dignement appréciés, lui assurent la reconnais-
« sance publique. »

L'Empereur qui, dès les premiers jours de son retour en France, l'avait connu personnellement, et qui lui avait souvent témoigné sa satisfaction sur son courage, son énergie, et son administration dans la Nièvre, lui avait envoyé son portrait comme souvenir de son passage à Nevers. La lettre d'envoi contenait ces paroles remarquables : « Cette gra-
« cieuse distinction n'est qu'une autre forme des remercî-
« ments que l'Empereur se plaît à devoir à votre dévoue-
« ment..... Sa Majesté n'a pu s'étonner du bon esprit qu
« anime le département de la Nièvre, puisque c'est vous
« qui l'administrez. »

L'histoire rapportera que ce fut à Nevers, le 15 *septembre* 1852, que le Prince-Président fut reçu, pour la première fois, par les acclamations de *vive l'Empereur* ! *vive Napoléon III* ! et qu'il reçut des mains mêmes de tous les maires du département les votes des conseils municipaux *demandant le rétablissement de l'Empire héréditaire.*

La Nièvre peut revendiquer avec honneur, et M. Petit de Lafosse a le droit d'y prendre la part la plus légitime, sa glorieuse initiative et l'élan qui la suivit dans tout le midi de la France pendant le voyage du Prince.

Son Altesse Impériale, avant de quitter la préfecture, remit à madame la baronne Petit de Lafosse une magnifique broche en diamants, comme marque de souvenir de l'hospitalité qu'elle y avait reçue.

Le Prince avait été fort sensible à une attention de M. le préfet, qui avait fait mettre à la place qu'il occupait à table un couvert marqué aux armes impériales et qui était un de ceux dont Napoléon Ier se servait à Sainte-Hélène.

Son Altesse Impériale n'avait pas moins remarqué, dans l'appartement qu'elle occupait, un arbre généalogique de la famille Bonaparte depuis 1183, dressé par un artiste de la Nièvre, le sieur Loulet, transporté en Algérie à la suite de l'insurrection du mois de décembre, et pour lequel M. le préfet, mû par un honorable sentiment d'humanité, fit à la clémence du chef de l'État un appel qui fut entendu.

Enfin, son Altesse Impériale fut vivement touchée quand, accompagnée à son départ par M. le préfet, ce magistrat en arrivant à l'extrémité de son département, près de Saint-Pierre-le-Moutier, la pria de s'arrêter sur la grande route près d'une colonne élevée, la veille, en souvenir du déjeuner que l'empereur Napoléon Ier avait accepté en 1815, à son retour de l'île d'Elbe, de la ville de Saint-Pierre.

Sur cette colonne, M. le préfet avait fait inscrire ces mots adressés par l'Empereur au grand maréchal du palais : *Bertrand, prenez bonne note de cette ville, et remarquez bien que j'y suis aimé.*

Parmi les lettres de félicitations que les hommes d'État

s'empressèrent d'écrire au *Préfet de la Nièvre* sur le résultat des mémorables journées des 15 et 16 septembre, on remarque celle-ci, qui n'est, à vrai dire, que la reproduction de toutes les autres.

« Vous devez, monsieur le Préfet, être justement fier et
« heureux de l'accueil que le Prince a trouvé à Nevers. Sans
« doute les vives sympathies qu'a éveillées sa présence ont
« puissamment contribué à cette chaleureuse réception.
« Mais si l'on n'organise pas précisément l'enthousiasme,
« on peut du moins lui donner une direction, une force nou-
« velle par d'intelligentes dispositions, par des mesures
« d'ensemble bien prises, et c'est ce que vous avez su faire
« avec un extrême bonheur et une très-rare habileté. Jouis-
« sez de ce succès comme administrateur d'abord, et comme
« l'un des serviteurs les plus capables de l'homme provi-
« dentiel qui a sauvé la France. »

Plus tard, Sa Majesté voulant récompenser ses longs et utiles services, lui a confié, en 1853, sur le rapport M. le comte de Persigny, ministre de l'intérieur, la préfecture importante de la Haute-Vienne, l'une des vingt de seconde classe, qu'il a occupée pendant quatre ans.

M. Stourm, conseiller d'État, inspecteur général des préfectures, envoyé en mission à Limoges, rendit justice entière à la sagesse et à l'habileté de son administration.

L'industrie et l'agriculture des départements qu'il a administrés lui doivent une sérieuse reconnaissance. Mettant à leur service toute l'influence que lui méritaient son zèle et son aptitude administrative, il a dû contribuer au développement remarquable qu'elles ont pris depuis quelques années.

Aussi, M. Dupin aîné, qui a su donner un si grand élan

à tous les intérêts de l'agriculture, lui écrivait-il, à l'occasion d'un travail remarquable que cet administrateur avait adressé au gouvernement sur la question de l'exploitation du sol et des moyens de rétablir l'influence des propriétaires sur les classes agricoles : « J'ai lu vos rapports avec
« un vif intérêt : surtout celui qui explique la position res-
« pective des propriétaires et des fermiers. Je les tiens pour
« très-exacts et exprimant bien la situation du pays. Votre
« ministre devra y voir la preuve que vous connaissez bien
« le département qui vous est confié et que vous suivez de
« près la marche des idées et la fluctuation des intérêts. »

« Je vous ai lu, lui écrivait encore un conseiller d'État,
« économiste d'un savoir éminent, et, comme toujours, j'ai
« apprécié vos talents administratifs, votre haute solliciー
« tude pour les intérêts qui vous sont confiés, votre esprit
« de conciliation, votre fermeté opportune. »

A une époque où tout le monde se pique de goût littéraire, il n'est pas indifférent d'ajouter que M. le baron Petit de Lafosse est un orateur élégant et disert, un esprit plein de finesse et de goût. Nous regrettons de ne pouvoir donner ici le texte des feuilletons littéraires qu'il a fait publier, et des discours remarquables prononcés dans les comices agricoles de la Nièvre et à la Société Archéologique et Historique du Limousin. Nos lecteurs se feraient une plus juste idée de l'homme que nous venons de peindre à grands traits. Il fait partie de plusieurs sociétés savantes. L'académie belge d'Histoire et de Philologie, voulant lui donner un témoignage de son estime et de sa considération pour toutes les questions internationales qu'il avait traitées à l'époque où il présidait, par suite d'une élection faite à l'unanimité, la Société Royale des Lettres, Sciences et Arts du Nord, lui a conféré, il y a peu de temps, le titre de membre de l'Académie de Belgique.

En 1856, la Providence voulant, sans doute, que la religion précédât et adoucit l'erreur funeste des hommes, un prince de l'Eglise lui écrivait : « *Ce n'est pas avec indifférence que j'ai appris l'estime et la considération dont vous entourent et M. Billault et notre illustre Empereur : Dieu se plaît à honorer même ici-bas ceux qui son destinés à faire un plus grand bien dans la société.* »

Peu de temps après, M. Petit de Lafosse, sur le rapport de M. Billault, ministre de l'intérieur, était remplacé dans ses fonctions de préfet de la Haute-Vienne !...

On s'attriste en pensant qu'une si belle carrière fut momentanément brisée. Je passerai les détails. Les documents que je vais reproduire expliqueront assez que cet honorable magistrat tomba victime de la calomnie.

Au mois de novembre 1856, il écrivit à l'Empereur une lettre qu'on peut citer comme un modèle de noble orgueil, d'élévation de style et de fermeté respectueuse.

Sire,

« Après vingt-sept ans de travaux irréprochables, je suis
« menacé d'être sacrifié à une calomnie.
« Je supplie Votre Majesté de daigner m'entendre et
« m'accorder une audience.
« Votre Majesté me connaît ; elle sait que, dès son retour
« en France, mon dévouement absolu lui était acquis ; elle
« sait que, au 2 décembre, dans l'insurrection de Clamecy,
« j'ai combattu et vaincu l'anarchie.

« Votre Majesté se souviendra également qu'elle a ho-
« noré ma conduite dans cette grave circonstance par un
« témoignage éclatant de satisfaction, que m'a tramis M. le
« comte de Morny, son ministre de l'intérieur et que l'Em-
« pereur lui-même, dans sa bonté exquise, m'a renouvelé
« pendant son séjour à Nevers.

« Sire, je vous en conjure, au moment où les députés et
« le Conseil général de la Haute-Vienne m'entourent una-
« niment de leurs plus vives sympathies, que je ne sois
« pas frappé, sous votre gouvernement, par suite d'une in-
« trigue locale, comme le fut mon père, premier président
« de la Cour d'Orléans, proscrit en 1815, par la Restau-
« ration. »

Cette lettre est simplement sublime... Malheureusement, le décret qui le remplaçait était expédié...

L'Empereur, — mieux informé par M. le vicomte de Laguéronnière, conseiller d'État, parlant au nom des députés et du Conseil général de la Haute-Vienne; qu'il présidait, — daigna l'entendre en audience particulière, et le nomma peu de temps après, pendant son séjour à Plombières au mois de juillet 1857, receveur général des finances de l'Ariége. Sa Majesté le fit appeler près d'elle par M. le général Fleury, son aide de camp, et lui annonça publiquement, devant M. le comte de Morny, qui appréciait si bien son ancien préfet, sa réhabilitation dans les termes les plus honorables pour le passé, le présent et l'avenir encore.

Au milieu des témoignages de haute estime que M. Petit de Lafosse avait reçus de tous les pays qu'il avait administrés, je n'en citerai que quelques-uns comme spécimen de l'effet que produisit sa disgrâce.

« J'ai été consterné du coup brutal qui vient de vous
« frapper, lui écrivit l'un des prélats les plus vénérés, je
« n'aurais jamais supposé qu'on traitât une victime comme
« un coupable. Mais cela arrive assez souvent. La justice
« des hommes n'est, dans bien des cas, qu'une grande in-
« justice. La Providence veillera sur vous, j'en ai la con-
« fiance, et tôt ou tard vous obtiendrez de l'Empereur
« réparation du mal qui vous est fait. »

✝ Dom. A., Evêque de Nevers.

« Le gouvernement de l'Empereur, mieux éclairé, ré-
« parera le tort qui vous est fait par les machinations lo-
« cales. »

Le général Comte DE LARUE.

« Je partage l'indignation que tous les gens de bien doi-
« vent éprouver à la lecture de toutes les calomnies dont
« vous avez été l'objet, et j'espère aussi avec eux qu'une
« éclatante justice vous sera rendue. C'est le vœu de tout
« homme de cœur.

Le général Comte DE ROCHECHOUART.

Un conseiller à la Cour de cassation, ancien député de la *Haute-Vienne* :

« Vous êtes fait pour obtenir des succès partout. Votre
« administration est une noble réponse à vos calomnia-
« teurs. »

Un conseiller d'État :

« C'est aussi absurde qu'odieux. Il est impossible que

« vous ne sortiez pas de là, tête levée, et envoyé à une
« meilleure destination encore. »

Un autre conseiller d'État :

« Quelle abominable machination ! vous serez soutenu...
« Il y va d'ailleurs de la considération de l'autorité in-
« dignement attaquée en votre personne. J'ajoute que l'é-
« quité commandait de prendre votre défense, car les sen-
« timents honnêtes se révoltent en présence d'une pareille
« monstruosité. »

Le maire de Limoges, député au Corps législatif :

« L'affligeante affaire qui semble porter à son comble le
« désordre moral introduit et entretenu à Limoges par des
« passions mesquines et inintelligentes, n'a pu inspirer que
« du dégoût aux hommes sages et honnêtes. »

Le Vingt décembre, Courrier de Limoges, se rendant l'interprète du département, fit paraître cette appréciation :

« Esprit élevé, ferme, prudent et habile, M. Petit de La-
« fosse emportera les regrets les plus sincères de tous les
« maires et du Conseil général du département qui con-
« signait dans le procès-verbal de sa dernière session, que
« *ce savant et consciencieux administrateur pouvait comp-*
« *ter sur son concours le plus énergique pour l'aider dans*
« *l'accomplissement de sa haute et importante mission.*
« Qu'il nous soit permis d'ajouter que M. Petit de Lafosse,
« à l'exemple de son père, de vénérable mémoire, compre-
« nait parfaitement la dignité de sa position. Jamais chez
« lui la vie du citoyen n'a fait rougir le magistrat ; rempli

« d'aménité, il entraînait par la simplicité et le charme de
« ses manières et de sa conversation. Voué de longue date
« pour sa fermeté aux vengeances démagogiques, il avait
« joué sa vie dans la répression des soulèvements de la
« Nièvre. »

L'un des hommes les plus justement honorés du temps de la Restauration, M. le baron Hyde de Neuville, ancien ministre de la marine et *ancien député de la Nièvre*, lui écrivait de son château de l'Étang : « J'ai lu, cher préfet, avec
« beaucoup d'intérêt le *Journal de Limoges*. Je n'ai pas été
« surpris de voir que le Conseil général, par l'organe de son
« président, déclarait que le *rapport si remarquable et si*
« *complet de M. le baron Petit de Lafosse était un nouveau*
« *témoignage de la sollicitude si éclairée et si dévouée qu'il*
« *apporte dans l'administration du département de la*
« *Haute-Vienne.*
« *Partout on vous a rendu la même justice.* »

Son Excellence M. le maréchal Magnan : « Cette justice
« rendue à vos services et à votre capacité administrative
« m'a été aussi agréable qu'à vous, croyez-le bien : toute-
« fois je n'en ai pas été surpris, parce que je sais depuis
« longtemps ce que vous valez, et je n'ai jamais laissé
« échapper l'occasion de le dire partout, *en haut lieu*
« *comme ailleurs.* »

Enfin, le successeur de M. le baron Petit de Lafosse, M. le comte de Coëtlogon écrivait quelques mois après son installation à Limoges : « Je n'ai pas eu besoin de lire le dos-
« sier de cette affaire pour être convaincu que mon prédé-
« cesseur avait été victime de perfides machinations et que
« l'on s'était attaché, pour le perdre, à faire du tapage autour

« de lui en remuant des cancans ridicules, colportés par
« la malveillance... ce sont des calomnies qui tombent sous
« le mépris..... Au reste, comme toujours, il s'est fait une
« réaction, et les adversaires de M. le baron Petit de La-
« fosse ont été fâchés de leur succès.....

En effet, vers la même époque, le doyen du Conseil de préfecture, bâtonnier de l'ordre des avocats à la Cour impériale de Limoges, s'exprimait ainsi : « *La lumière se*
« *fait tôt ou tard, et je puis vous assurer que vous êtes*
« *complétement vengé de toutes les calomnies auxquelles*
« *vous avez été exposé. Combien de gens qui déblatéraient*
« *contre vous, sont forcés aujourd'hui de rendre justice*
« *à votre sage et bienveillante administration* ! »

Je m'arrête... Il faudrait un volume pour tout rapporter.

Je termine la période de la disgrâce de ce fonctionnaire éminent qui fut entouré de tant de sympathies, contrairement aux habitudes du cœur humain en pareil cas, par la lettre d'un magistrat marquant, *de la Nièvre* : « Soyez
« bien convaincu que, dans tout le département où vous
« avez laissé de si bons souvenirs, personne n'a mieux que
« moi apprécié *vos excellentes qualités d'administrateur et*
« *le service immense que vous avez rendu à la France et à*
« *l'Empereur le 15 septembre* 1852. Si un fait comme ce-
« lui-là a pu sortir de la mémoire de quelqu'un, il est resté
« dans la mémoire de tous les esprits honnêtes et réfléchis
« de la Nièvre où vous nous avez tous pour amis. »

Au moment où il fut réhabilité par l'Empereur, de nouvelles preuves de la plus haute estime abondèrent de toutes parts.

Un membre illustre de l'Académie française, M. de Pongerville, dont le fils avait été sous-préfet dans la Nièvre, lui écrivit :

« Je regrette de n'avoir pas eu le plaisir de vous rece-
« voir, quand vous me fîtes l'honneur de me venir annon-
« cer votre départ : je vous aurais exprimé la satisfaction
« que j'éprouve en voyant le haut témoignage rendu à vos
« longs et utiles services. Je souhaite que votre position
« nouvelle offre un repos agréable à votre vie, *si bien rem-*
« *plie par tant d'actes de courage et d'honneur ;* vous êtes
« de ces hommes qui ont le droit d'être fiers de leur passé,
« et conservent une place particulière dans le souvenir de
« ceux qui leur ont voué une juste affection. »

Je ne rapporterai pas ici les consultations, si fortement motivées sur la question de droit et si énergiquement exprimées sur les faits, du célèbre procureur général M. Chaix d'Est-Ange, qui était, à cette époque, bâtonnier de l'ordre des avocats à la cour impériale de Paris. L'opinion concise du doyen d'une faculté de droit, écrivain non moins renommé pour la rectitude du jugement que pour la science, suffira pour clore noblement cet esquisse biographique.

« Monsieur le baron, je vous remercie de la communica-
« tion que M. de F. m'a faite de votre part. Non pas que
« j'eusse besoin de cette lecture pour savoir à quoi m'en te-
« nir sur cette triste affaire ; pour qui vous connaît, la ca-
« lomnie était évidente. Mais il y a dans ce dossier tout un
« drame rempli d'intérêt et d'enseignement : haine contre
« l'autorité, qui saisit le plus léger prétexte pour essayer
« d'accabler son représentant, animosités particulières qui
« deviennent complices de cette haine, abandon des hom-
« mes sur l'appui desquels on devait compter, immoralité

« des meneurs de cette intrigue, perplexité du juge dont
« l'esprit se trouble dans la lutte des intérêts opposés, dé-
« plorable conduite du ministre qui ne comprend pas que
« le préfet est attaqué par les mauvaises passions qu'il a
« combattues avec courage, oubli des services passés, aban-
« don du haut fonctionnaire qui s'est compromis pour le
« pouvoir; puis, d'un autre côté, et comme consolation de
« ce triste spectacle, affections de famille, dévouement de
« l'amitié, et pour que rien n'y manque on y trouve même
« l'élément comique dans la personne du poëte de Saint-
« Yrieix qui tient pour vraie la calomnie, déclare que le
« fait est tout naturel et très-ordinaire et trouve ridicule
« qu'on fasse tant de bruit pour si peu de chose. Enfin, ce
« qui n'arrive pas toujours ici-bas, la vérité se fait jour,
« votre justification est complète et l'Empereur vous donne
« une juste et éclatante réparation.

« Je vous félicite, monsieur le baron, de n'être plus dans
« cette carrière si fertile en orages, dans laquelle on est
« d'autant plus exposé qu'on a fait plus de bien, et d'être
« entré dans la paisible administration des deniers de l'É-
« tat. Les écus se laissent tranquillement encaisser et dé-
« penser, tout marche d'après un mécanisme bien monté
« dont vous n'avez qu'à surveiller les opérations. *C'est là*
« *le repos honorable si bien dû à vos éminents services.* »

Après une appréciation aussi judicieuse de l'un des jurisconsultes les plus distingués, je n'ai plus qu'à souhaiter à tous les fonctionnaires d'acquérir à un aussi haut degré pendant 30 ans d'exercice, l'admiration, le respect et la reconnaissance des pays dont l'administration leur sera confiée.

M. Petit de Lafosse n'a que 55 ans. « *L'avenir encore lui appartient,* » pensée gracieuse de l'Empereur à Plombières, bien digne de l'esprit de justice et de réparation qui distingue Sa Majesté.

Malheureusement, ce nom si bien soutenu ne sera pas transmis par la famille. Le nom! que Dieu a fait servir à la satisfaction des intérêts les plus élevés et les plus impérieux qu'il ait mis en nous. M. le baron Petit de Lafosse a été cruellement frappé dans les principales résidences où il avait le mieux accru son patrimoine d'honneur; il a perdu son fils aîné à Valenciennes, son second fils à Nevers, son petit-fils à Limoges et sa petite-fille à Foix. Sa fille unique, jeune femme d'un rare mérite et tant appréciée partout où elle a été connue, a épousé M. Arsène de Coynart, chef d'escadron d'état-major, qui a combattu glorieusement dans la guerre d'Italie, à Palestro, à Magenta, et a reçu de l'Empereur la croix d'officier de la Légion d'honneur, après la victoire de Solferino, sur le rapport de M. le général de division de Failly, aide-de-camp de Sa Majesté.

FIN.

Paris. — De Soye et Bouchet, imprimeurs, 2, place du Panthéon.

www.ingramcontent.com/pod-product-compliance
Lightning Source LLC
Chambersburg PA
CBHW060909050426
42453CB00010B/1628